En mai 68, j'avais dix ans. Ou presque.

Je suis né en septembre 1958, le mois où le général de Gaulle a présenté la constitution de la V• République au peuple français, qui l'a adoptée. Je n'ai jamais été gaulliste, mais j'ai toujours défendu la V°. Nous avons tous nos contradictions.

Je me souviens de mai 1968. Je me souviens de l'événement, du climat d'angoisse dans lequel nous le vivions. Je ne me souviens pas des détails, des acteurs, des tactiques, des paroles, de Baden-Baden, de l'hystérie. J'ai appris tout cela plus tard, dans les livres.

Et plus tard encore, j'ai croisé quelques acteurs de cette comédie : Daniel Cohn-Bendit, Serge July, Henri Weber, d'autres moins connus. Je n'ai épousé aucune de leurs lubies gauchistes. Eux-mêmes en sont revenus.

En 2018, nous commémorons le cinquantenaire de l'événement. Certains l'évoquent comme la source de nos problèmes. Ils y voient les racines du déclin dont nous souffrons aujourd'hui. Ils parlent même à son propos d'un « suicide » national.

Difficile de dire plus faux, et de penser plus bête. Je crois au contraire que ce que l'on appelle mai 68, qui s'est installé au cœur de la société française dès les années cinquante, avec une force et une légitimité remarquables, a élevé l'esprit collectif, adouci les cœurs, nous a rendu meilleurs que nous étions, plus tolérants, plus généreux. J'éprouve personnellement de la gratitude pour ce mouvement de mai qui venait de loin, et qui nous a fait du bien.

J'ai donc décidé de le raconter tel que je l'ai vu, vécu, compris.

Pour en restituer l'ampleur et l'importance, je me suis appuyé sur l'expérience de Catherine et Jean-Pierre, anonymes parmi les anonymes, modestes et humbles, dont les existences ont été bouleversées par cette formidable révolution des mentalités.

Catherine et Jean-Pierre ont vécu au cœur de la Soule, l'une des sept provinces du Pays Basque (trois en France, quatre en Espagne), dans un village baptisé Viodos, à côté de la ville de Mauléon, 5000 habitants, connue depuis longtemps pour sa production de sandales, et fameuse naguère pour son équipe de rugby, opiniâtre et courageuse.

Ils ne sont jamais sortis de ce petit territoire et il me semble qu'ils y ont été heureux. Mais on n'est jamais sûr de rien. En tout cas, à leur façon, ils ont été tous les deux de formidables soldats de Mai 68.

Catherine était ma maman.

Jean-Pierre était mon papa.

Sommaire

Chapitre 1 : Le mariage

Mai 68 a commencé très tôt. On peut même affirmer que lorsque les étudiants sont descendus dans la rue, en mai 68, tout était déjà terminé. Silencieuse et implacable, la révolution s'est déroulée sur une quinzaine d'années au long desquelles Catherine et Jean-Pierre se sont toujours tenus au premier rang.

La photo date de l'hiver 1954.

Des gens ont pris place sur des tréteaux, une trentaine environ.

On remarque chez les plus vieux l'embarras des costumes ou des robes. Les plus jeunes, minces, sourient, la vie devant eux. En arrière-plan, des pierres grises, celle de la chapelle de l'Hôpital-saint-Blaise, un relais ancien du chemin de Saint-Jacques-de-Compostelle. L'édifice date du XIIème siècle. Il est la fierté de ce village des confins de la Soule, où se mélangent le Pays Basque et le Béarn, deux peuplades qui ont vécu longtemps dans une hostilité sourde.

Au centre de la photo, le couple qui la légitime. Jean-Pierre a vingt-six ans, un métier indéfini. Son visage est mince, long, tout comme son nez, sur lequel repose de fines lunettes. L'air dégingandé suggère une certaine aisance face aux aléas de la vie.

L'image est fausse. En réalité, Jean-Pierre est timide, peu sûr de lui. Peut-être pense-t-il que ce mariage lui apportera ce supplément de force qui lui manque. Sur la photo, ce matin-là, il est assez beau.

Catherine porte un tailleur gris clair dans lequel son corps flotte un peu. Une sorte de calotte est posée sur l'arrière de ses cheveux noirs. Elle a vingt-quatre ans, un sourire de son âge, optimiste et doux, qui dit sa générosité, sa gentillesse. Parfois, les photos ne mentent pas.

Sont-ils amoureux? Imaginons-le.

Il y a toutefois une obligation dans leur union : Catherine est enceinte. C'est sans doute pour cela que le tailleur ne la met pas en valeur. Il faut cacher la vérité car on s'en offusque encore dans le Pays Basque de ces années cinquante. Philippe sera bientôt là. Il ne faut pas que cela se sache.

Catherine est morte au milieu des années 2000. Le lendemain de son enterrement, qui a eu lieu à Mauléon, nous avons pris la voiture, Jean-Pierre et moi, et filé jusqu'à Saint-Jean-Pied-de-Port. Nous voulions chasser notre tristesse. Nous n'avions jamais beaucoup parlé tous les deux. C'était l'occasion.

- *Comment as-tu rencontré maman ?*

La question me faisait mal, mais j'avais besoin de la formuler. C'était le moyen de les faire revivre tous les deux, de plonger dans leur jeunesse, dans ces moments où rien n'était encore écrit, où tout était encore possible.

Il me raconta l'histoire sans fioritures. Sa voix était douce, comme le furent généralement ses manières. Il m'avait aimé, je l'avais tout le temps su. Il me l'avait rarement dit.

A l'époque, Jean-Pierre avait plusieurs vies. Il déménageait souvent. Quand il rencontra Catherine, il habitait Moncayolle, un village étiré sur tout le vallon qui surplombe Mauléon. Sa maison était située au milieu de la côte qu'elle remontait tous les soirs, sur son Solex, en rentrant de l'usine. « Je la trouvais jolie », me dit-il.

Un jour, à force de la voir passer, il prit sa moto, une vieille pétoire qui faisait beaucoup de bruit. Ils n'étaient pas nombreux à en avoir des comme ça, au Pays Basque. Ils étaient les mauvais garçons de l'époque. Aujourd'hui, on en rirait.

Il la rattrapa au carrefour qui sépare les routes de l'Hôpital-saint-Blaise et de Navarrenx. Eut-elle peur de ce motard improbable ? Comment l'aborda-t-il depuis sa monture, elle-même juchée sur la sienne ? Jean-Pierre fut elliptique sur ce point. Il fut assez habile, cependant, et elle suffisamment curieuse, pour qu'un enfant naisse de cette rencontre cavalière.

Philippe, mon frère, est venu au monde en avril 1955.

Chapitre 2 : La maison

Voilà donc Catherine et Jean-Pierre mariés, chargés de famille.

Jean-Pierre, dont la jeunesse fut un désordre, est rentré dans le rang. Il a pris, lui aussi, un travail à l'usine. Le couple qu'il forme désormais avec Catherine ressemble aux millions d'autres qui assurent à la France prospérité et stabilité.

Un couple banal, ordinaire, et qui pourtant, à son échelle, vit des moments extraordinaires.

Enfants de la pauvreté sur ces terres paysannes, fille et fils de gens qui avaient beaucoup travaillé et peu amassé, Catherine et Jean-Pierre découvraient le monde nouveau qui s'offraient à eux. La société de consommation naissante chamboulait leurs perspectives d'avenir. A défaut d'imaginer des folies, ils pouvaient s'approprier des rêves qu'aucunes générations avant eux dans ces lignées familiales n'avaient pu entrevoir.

Grâce à leurs économies, et avec le concours de la banque, Catherine et Jean-Pierre achetèrent un terrain dans le hameau d'un village appelé Viodos, pratiquement collé à Mauléon. L'espace était biscornu, en pente, retiré de tout, environné de broussailles malcommodes. Ceci n'était pas très important. Tous deux avaient marché sur des sols de terre battue dans les maisons de leur enfance. Pas d'eau à l'intérieur, pas d'électricité non plus. Ils savaient ce que « élevés à la dure » voulait dire.

Leur ambition, c'était d'accéder à une forme de paradis inédit pour des gens d'extraction modeste. Faire construire une maison, un toit, des murs, pour abriter dedans une petite famille, mon frère et moi, et leur amour. Pour cela, ils furent en contact avec un architecte, le mot est un peu fort pour un dessin sommaire et une conception simple, puis avec la mairie pour les autorisations et le permis de construire, avec des maçons enfin qui élevèrent de leurs mains cette habitation sur une terre qui n'avait rien connu de tel pendant des siècles.

Elle fut terminée à l'automne 1959.

Je me souviens, c'est un retour à l'enfance, du chef maçon qui revenait parfois admirer son œuvre. C'était un homme rougeaud et tonitruant. Il fumait beaucoup et me semblait boire pas mal. Il répétait chaque fois à mon père, tous les deux avec un verre de vin rouge à la main, que c'était la première maison qu'il avait élevée seul, des fondations jusqu'au toit. Jean-Pierre l'écoutait avec patience. Je lui étais reconnaissant d'avoir mis son talent au service de notre bonheur.

L'habitation était de plain-pied.

Elle longeait la petite route qui descendait jusqu'au village. L'entrée ouvrait sur un vestibule. En face, la salle à manger meublée de teck bon marché donnait sur une large terrasse, construite sur des piliers qui corrigeaient la pente du terrain. Le ciment en avait été coulé autour du tronc large et rond d'un mimosa qui, le printemps venu, embaumait toute la maison.

Sur la gauche, se trouvait la cuisine, pavée d'un carrelage froid. Une porte donnait sur un couloir de parquet clair qui distribuait l'accès à trois chambres d'inégales surfaces. J'occupais l'une d'elles avec mon frère, meublée de deux lits jumeaux et d'une grande armoire de bois. Une chambre parentale, la plus vaste, et une troisième, que nous ne qualifiâmes jamais car aucun « ami » ne vint y dormir, complétaient ce dispositif.

Et puis, au bout du couloir, se trouvait un joyau dont je mis longtemps à comprendre ce qu'il pouvait représenter pour mes parents.

La salle de bains n'était pas grande. Un lavabo, une douche et un bidet occupaient la pièce. Des carreaux blancs, quelques rangées de bleu, tapissaient les murs.

Classique. Et pourtant révolutionnaire. Jamais auparavant, Catherine et Jean-Pierre ne s'étaient couchés dans un lieu qui abritait, outre leur lit, un espace où coulait à volonté une eau potable et domestiquée, justement nommée « eau courante ». Ils découvraient, comme dans tant d'endroits agrestes et pastoraux de la France d'après-guerre, les plaisirs d'une vie nouvelle qui promettait à chacun le luxe et la propreté, encourageant ainsi, sans le dire et le savoir, la recherche et le bien être individuel.

C'est une première vérité pour mes parents que j'ai aimés : mai 68 s'est enraciné d'abord dans cette salle de bains qui permettait de laver les corps pour leur donner une dignité qui, trop souvent jusque-là, se perdait dans les odeurs ordinaires.

Quand le corps sent bon et que le cerveau le sait allégé de sa crasse, on ne baisse plus la tête de la même manière devant le patron que l'on imagine propre, où le curé que l'on présume parfumé de Dieu. Le jour vient même où on ne la baisse plus du tout.

Ce luxe parut une audace à Catherine et Jean-Pierre qui définirent une utilisation parcimonieuse de la salle de bains. La pratique fut instaurée, que je n'abandonnais pour ma part qu'à l'adolescence, d'une « petite » et d'une « grande » toilette.

Le rituel se déroulait le samedi.

Un premier samedi, nous nous lavions complément avec un gant rincé et savonné dans le lavabo. Un deuxième samedi, nous utilisions, la douche, d'où le concept de grand lessivage. Quant aux jours restants, une toilette de chat était réputée suffisante, de l'eau et du savon hâtivement dispersés sur le visage après le réveil du matin. Je compris assez vite que ma mère dérogeait à la coutume en utilisant la douche plus souvent que ne le prévoyait la règle.

De nous tous, c'était la plus révolutionnaire.

Chapitre 3 : La télévision

Enfant, j'étais curieux.

L'école était un bonheur, la découverte de l'histoire un ravissement. Je fus saisi par Vercingétorix, tel du moins qu'on nous le racontait. L'instituteur de l'école communale de Viodos était un petit homme autoritaire, au ventre rond et la voix fluette. On aurait pu croire qu'il était présent à Gergovie et à Alésia, tant il mettait de fougue dans son récit. Il décrivait un chef gaulois solaire et courageux, finalement trahi par les siens, perdant magnifique d'une guerre qu'il aurait pu gagner. Sa défaite m'attristait. Je la trouvais injuste. J'aurais bien repris les armes contre l'odieux César.

Les livres n'avaient aucune place dans notre maison. Ni Jean-Pierre, ni Catherine, ne s'en souciaient. Philippe, à leur image, s'en désintéressait et lisait seulement ce qui lui était présenté comme obligatoire.

D'où m'est venu le goût de la lecture ? Mystère. Catherine ne se posa pas la question. Elle se contenta de satisfaire mes besoins. Quand je lui demandais un livre, elle l'achetait. Elle m'inscrivit à Mauléon, à la bibliothèque municipale, où elle m'amenait tous les samedis matins. C'est pour cette raison, et d'autres, que je n'ai jamais douté de son amour.

Mon père, un jour, réaménagea un coin de la cuisine. Il déplaça un meuble où s'entassait la vaisselle et en enleva un autre à l'usage indéfini. A son sourire, on devinait son excitation. Avec Catherine, il avait décidé d'acheter une télévision. Ce n'était pas une mince affaire. Probablement, un emprunt avait-il été nécessaire. Mais il avait l'air heureux.

Une fois l'endroit préparé, il monta sur le toit. Là-haut, il fixa lui-même l'antenne, sous nos yeux un peu effrayés. Quelques temps après, quelques jours sans doute, le poste arriva. C'était un gros objet, fait d'un verre gris bombé vers l'avant, enchâssé dans un coffre de plastique marron foncé. A l'arrière, une protubérance noire s'étirait sur une cinquantaine de centimètres. Elle cachait le mystère qui permettait à la lucarne de s'animer pour nous offrir ses cadeaux.

Un technicien était venu tout exprès pour installer la merveille.

C'était un homme jeune au regard intelligent, dont le savoir et la classe sociale supérieure se matérialisaient dans une longue blouse de coton bleu qu'il portait lors de son office. Il procéda à de nombreux réglages, puis des essais, avant de nous annoncer que nous pouvions enfin profiter de l'engin.

Nous étions au printemps 1966. Je n'avais pas encore huit ans. Ma vie venait de prendre un tournant radical.

Du Pays Basque, beaucoup de gens connaissent Biarritz, ou Saint-Jean-de-Luz, leurs côtes lumineuses découpées par l'opiniâtreté de l'Atlantique. A cette beauté naturelle s'ajoute un raffinement citadin incarné par l'architecture de ses villes, Biarritz notamment, marquée par la mégalomanie de Napoléon III. Mais ceci, qui est magnifique, n'est qu'un visage de cette terre singulière. L'autre est moins connu parce que plus reculé de la mer et de ses plaisirs.

La Soule est le nom de la province basque où je suis né. Je suis donc moi-même un Souletin. Les lieux sont beaux et les gens, ce fut tout le temps ma perception, élégants. Je parle ici d'une certaine élégance morale, d'une manière d'être qui possède un certain charme, et du caractère. Mais un autre sentiment m'est apparu très tôt : l'immobilité des êtres et des choses, des paysages et des mœurs, et pire peut-être, la perception de l'immuabilité de ce monde que j'ai considéré très tôt comme celui de mes ancêtres, plutôt que comme le mien.

C'est sur ce terreau qu'est arrivée la télévision, et avec elle les plaisirs de l'univers.

D'un coup, dans ce fond du Pays Basque, nos soirées d'après-dîners se trouvaient éclairées par des chanteurs, égayées par des films, électrisées par des débats politiques. D'un coup, la vie torrentueuse entrait dans ce foyer ordinaire et me rendait surtout sensible à la banalité de nos existences.

C'est dans ces années-là, encore enfant, que j'ai entretenu, et longtemps caché, le désir de vivre à Paris. Pourquoi Paris ? Parce que la télévision. Les images que nous montraient les actualités étaient le plus souvent parisiennes. Les présentateurs, les acteurs, les sportifs, la foule des gens qui venaient jusqu'à nous étaient Parisiens. La télévision nous racontait la France, mais la France qu'elle nous montrait, c'était Paris, Paris et encore Paris.

Alors moi, issu de cette longue lignée de paysans qui n'avaient jamais quitté la Soule, je nourrissais mes envies et mes rêves d'habiter un jour dans la grande ville au nom de cette évidence : La France, c'était Paris.

J'attendrai longtemps avant d'accomplir le désir de l'enfant que j'avais été. Je suis arrivé par le train du petit matin à la Gare d'Austerlitz un jour d'octobre 1987. J'avais vingt-neuf ans passés. Je ne connaissais personne dans la capitale. Je voulais devenir journaliste politique.

Chapitre 4 : Mai 68

J'ai vécu Mai 68 en direct.

Je n'étais pas sur les barricades, seulement devant mon poste de télévision. Les souvenirs sont flous. Ils demeurent forts. Dans le monde qui était le mien, ordonné, sécurisant, articulé autour de l'école et de la vie de famille, tout à coup le désordre fit irruption. Les journaux télévisés relataient des batailles de rues dans cette ville qui n'était jusque-là, pour moi, que brillance et bonheur. On voyait, ou plutôt on nous montrait, des voitures retournées, des arbres arrachés, des vitrines brisées. Des jeunes garçons et des jeunes filles marchaient en groupe en criant, et je ne comprenais pas grand-chose à leurs cris. Des policiers avec des casques brillants apparaissaient, rassurants d'abord, violents ensuite, dans des scènes qui m'étonnaient et me choquaient.

Je me souviens de mai 68 par l'angoisse qu'il distillait. Quelque chose se cassait, loin, là-bas, qui me concernait, j'en étais sûr, sans que je parvienne à faire un lien entre ma vie et ces événements.

Jean-Pierre suivait cette actualité avec attention.

Il avait quitté l'usine depuis quelques années pour rejoindre la maison Sallaberry, le plus important commerçant de Viodos. Dans la grande bâtisse posée au centre du village, face au fronton et à côté de l'église, on trouvait pêle-mêle une épicerie, un café, un entrepôt de charbon et de bouteilles de gaz, un chai où s'entassaient des caisses de vin.

Jean-Pierre travaillait dans ce dernier secteur. Du lundi au jeudi, il mettait en bouteilles le vin que son patron achetait par camion-citerne, puis les vendredis et samedis, il le livrait aux particuliers, à l'occasion de longues tournées dans les villages avoisinants.

Il puisait dans son travail des informations qu'il nous faisait partager : « *Monsieur Sallaberry connaît des gens à Paris. Il paraît que c'est pire que ce que l'on nous montre. Mais on ne veut pas nous faire peur.* »

Pour moi qui étais déjà effrayé, ces propos me portaient au comble de l'angoisse. Jean-Pierre en profitait pour développer une analyse dont je comprenais assez facilement qu'elle appartenait au moins autant à son patron qu'à lui. Selon ce raisonnement conjoint, De Gaulle était un grand homme qu'il était indigne d'embêter comme le faisaient de jeunes olibrius. D'ailleurs, personne ne comprenait ce qu'ils voulaient. Tout cela, il en était sûr, allait mal finir.

Catherine écoutait placidement.

La politique l'intéressait peu. Elle s'était bâtie une philosophie qu'elle observa toute sa vie. Systématiquement, sa voix allait à ceux qui gouvernaient. Ainsi, elle vota à droite ou à gauche selon les périodes, sans se soucier de cohérence, sans manifester l'amertume de la défaite, ou la joie de la victoire. Entre les opérations électorales, elle se mettait aux abonnés absents, concentrée sur sa propre vie dont elle ne voyait pas en quoi la politique aurait pu l'influencer, ou l'embellir.

L'avenir de tous les désordres, c'est de cesser un jour. C'est ce qui se passa en mai 68. À force de faire du bruit, les étudiants lassèrent tout le monde. Le général se fâcha pour de bon, convoqua de nouvelles élections, obtint le vote de Catherine et Jean-Pierre, et soudain, tout s'arrêta. Le calme revint. Le cours ordinaire de la vie, qui n'avait jamais cessé au Pays Basque, reprit.

Chapitre 5 : La fille adultère

A quelques temps de là, une forme de violence souterraine se déclara dans notre communauté d'apparence si paisible.

Au fil des ans, le hameau s'était peuplé. Aux trois exploitations agricoles anciennes, s'étaient ajoutées des maisons qui témoignaient de l'enrichissement inédit dans ces contrées. Dans l'une des fermes, la plus proche de chez nous, distante d'une centaine de mètres, plusieurs générations cohabitaient. Les grands-parents, qui devaient aller sur leurs soixante-dix ans, me paraissaient des centenaires. Leurs deux enfants, deux hommes, vivaient et travaillaient sur l'exploitation. Et leurs enfants, nombreux, étaient également réunis sous ce toit.

Au sein de la tribu se trouvait une jeune fille d'à peu près vingt ans, une jeune fille de ces années-là, aux cheveux longs et libres, aux jupes courtes.

Jolie ? Probablement, oui, mais à l'âge qui était le mien, ce jugement n'avait pas le sens qu'il aurait pu avoir plus tard.

Je ne connaissais rien de ses choix. J'étais trop jeune, et même trop petit, pour que nous dialoguions ensemble. La seule chose que je savais d'elle tenait à ses passages réguliers devant la maison. Souvent le matin, le soir aussi, elle descendait, ou bien remontait, à pied la côte qui nous reliait au village de Viodos. Elle m'était tout autant familière qu'étrangère, et elle serait demeurée ainsi sans le détestable travers des communautés où, tout le monde connaissant tout le monde, chacun s'occupe des affaires des autres.

Cette jeune fille se prénommait Fabienne.

Elle vivait sa vie, c'est à dire qu'elle aimait, et je ne sais plus comment j'ai appris cette chose à l'époque si éloignée de moi, elle aimait un homme marié. Dans tous les hameaux de tous les villages du monde, l'adultère est une source de divisions et de commérages. On montre du doigt celui qui menace l'ordre établi, non pas seulement pour l'action elle-même, mais aussi pour le manque de discrétion avec laquelle elle est menée.

L'étiquette, en tout cas, lui était collée au front. Cela excitait la colère de Catherine, qui défendait cette jeune fille aussi souvent qu'elle le pouvait, notamment face à ses deux frères, célibataires endurcis qui nous visitaient régulièrement.

Jean-Pierre, lui, semblait indifférent à l'affaire.

Le cancan autour de cette histoire fut tel qu'il finit par atteindre le lieu stratégique du village : l'Eglise. Comme dans toutes les bourgades de France, celle-ci se dressait en son centre. Il s'agissait d'une construction triste dans laquelle se retrouvait le dimanche la quasi-totalité des habitants, à l'exception des communistes et de Jean-Pierre, qui pensait qu'il y avait toujours mieux à faire que d'aller à la messe.

Pour ma part, j'étais requis d'office, en tant qu'enfant de chœur. Je devais cette distinction à un mysticisme que je conservai vivace jusqu'à l'adolescence, ainsi qu'à une élocution claire qui me permettait de lire des courts passages de l'évangile lors des cérémonies savamment mises en scène par le prêtre de l'église de Viodos.

Ce dernier n'était pas là depuis longtemps. Avant lui, un vieux monsieur qui sentait mauvais disait la messe. Plus jeune d'au moins trente ans, le nouveau curé donnait l'impression de se laver davantage, ce qui représentait un progrès liturgique certain. Svelte, brun, chevelu à l'inverse du précédent, il respirait la joie de vivre et se montrait souvent dans le village sans la traditionnelle soutane, lui préférant un costume noir, ajusté à la taille.

Je le vis pour la première fois à la boucherie que tenait un artisan assez porté sur la bouteille, à côté du fronton, de l'autre côté de l'église. Il était venu acheter de la viande. Passé comme un coup de vent élégant, il suscita des commentaires parmi les clientes présentes, dont je saisis mal la portée sur le champ.

Ce dimanche où l'affaire de la fille adultère brouillait les esprits du village, le curé semblait empli d'une énergie particulière.

L'Eglise était pleine, les femmes en bas, les hommes en haut, au balcon comme l'imposait une coutume ancienne au Pays Basque. Ainsi, chacun était à sa place, c'était du moins ma pensée de l'époque.

Ce qui me plaisait le plus, c'était les chants, certains en latin, d'autres en basque, plus rarement en français.

Je n'y comprenais pas grand-chose. Je sentais juste la ferveur avec laquelle deux centaines de poitrines expulsaient l'air pour les sortir de leurs poumons. Les basses et les aigus se mariaient avec délicatesse. Sans doute espérions nous tous acheter un bout de paradis.

Quant aux vocalises, ce dimanche fut comme les autres. Ce qui fut marquant, c'est le sermon que le prêtre intercalait habituellement entre deux chansons entraînantes.

En règle générale, je n'étais pas très attentif à son propos. C'était des mots de grandes personnes, destinés à d'autres grandes personnes, et nous, nous étions là parce que plus tard nous serions des grandes personnes, croyantes et attentives au sort de l'église.

Parfois dans ce soliloque, je reconnaissais des phrases ou des raisonnements entendus lors des cours de catéchisme. Mais sitôt que l'orateur quittait ces rivages connus, je repartais dans mes rêveries, nombreuses dans ces années-là.

Ce dimanche, pourtant, en écoutant le prêtre mince et frémissant dans la chasuble violette brodée d'or que nous l'avions aidé à enfiler dans la sacristie, je me rendis compte qu'il parlait peu de sacré, et beaucoup de profane.

Son discours portait sur la fidélité. Elle devait être, selon lui qui n'était pas un spécialiste, sans faille, absolue, indiscutée. Le propos était général mais assez vite, il fut question de mariage, et de couple. Je sursautais car je crus entendre certains des arguments que réfutaient ma mère à propos de notre voisine. Comme il était peu probable qu'elle et le curé aient pris le temps d'échanger leurs idées avant la messe, j'en déduisis que c'était bien parce que l'affaire était colossale qu'il en parlait à son tour. Et s'il le faisait, c'était davantage pour le bien de la communauté que pour la sérénité de sa sœur Catherine.

Du coup, je fus attentif. D'une certaine manière, j'entendais mon premier discours politique. Virevoltant d'un concept à l'autre, décidé et presqu'emporté, le curé évoqua ce qui pouvait dissoudre cette fidélité, érigée au rang de bien supérieur. Il insista sur la pécheresse, terme générique sur lequel je mettais malgré moi un visage, demanda à la communauté de se défier d'elle, et pour cela d'apprendre à la reconnaître, à repérer ses manigances et à déjouer ses calculs.

De toutes les façons, l'affaire était entendue. On comprenait à son discours qu'au moment venu, elle brûlerait quelque part dans l'aile Ouest de l'Enfer. Et si avant l'épilogue, elle pouvait aller voir ailleurs si l'infidélité s'y trouvait, le village de Viodos s'en porterait mieux.

Tous les discours ont une fin. Celui du prêtre s'arrêta net, dans un silence de cathédrale, même si notre église était plus modeste que cela. Pas d'applaudissements à la fin, ce n'était pas la tradition, mais des visages approbateurs. Comme tous les dimanches, le curé avait bien parlé. Mais ce dimanche-là, il avait mieux parlé que les autres.

J'étais saisi d'un effroi intérieur. Je ne comprenais pas tous les enjeux de cette scène concernant les adultes mais je percevais nettement la dénonciation et, sans pouvoir la nommer, la flétrissure publique dont cette jeune fille était l'objet.

À qui parler de ces sentiments ? Comment exprimer ces émotions ? Je les enfouissais bien vite dans mes jeux d'enfant. Je retournerais, je le savais, dans cette église pour participer à l'office. Ma vie était faite ainsi.

Une fracture pourtant avait déchiré cette intimité. La sauvagerie du rite m'avait effrayé. Mon désaccord était intuitif, profond. Je ne savais pas que j'étais, déjà, le fils de Mai 68, hostile à l'idée que l'Eglise, ou une autre forme d'autorité, guide ou régente ma vie.

J'ignorais aussi que beaucoup de ces questions importantes s'articulaient autour des femmes, de leurs contraintes, et donc de leur quête de liberté.

Oui, je l'ignorais, et pourtant s'étalait tous les jours devant mes yeux la rébellion de Catherine qui ne paraissait pas savoir elle-même de quels combats elle était l'emblème.

Chapitre 6 : Catherine

Un matin du primaire, j'avais décidé de ne pas aller à l'école.

Les raisons ? Aucune sérieuse. Raisons d'enfant.

J'avais cinq ans, ou six. C'était Catherine qui m'amenait. Je lui menais la vie dure. Dans ma rage, je me roulais par terre, je pleurais, je criais. Je ne savais pas qu'à mon âge, ce genre de combat était perdu.

Cet épisode est resté dans ma mémoire. Pourquoi certains s'y figent-ils ? Pourquoi d'autres s'envolent-ils ? Celui-là paraît contenir suffisamment d'éléments pour demeurer vif encore.

Je me revois dans la cour de l'école, buté, seul, incompris, impuissant. Catherine est restée plus longtemps qu'elle ne le fait d'habitude. Peut-être est-elle inquiète, ou culpabilisée. Elle discute devant le portail de l'école, sans se résoudre à m'abandonner.

Entre les reniflements qui me permettent d'avaler mes larmes, dérangé par une forme de hoquet qui signale un retour progressif au calme, je regarde ma maman comme je ne l'ai jamais fait avant. Je la regarde comme un homme regarde une femme, mais dans l'œil de cet enfant, il n'y a ni convoitise, ni désir.

Ce que je vois d'elle, depuis ma posture de refus du monde tel qu'il m'oblige à aller à l'école, c'est son sourire ; ce que je sens d'elle, c'est la douceur. Dans cette seconde où je suis soudain conscient que la femme supplante la mère, je la trouve belle, et cette sensation s'est inscrite en moi pour tous les jours qui me restent à vivre.

Catherine vit le jour en 1930.

Elle était la dernière d'une famille de quatre enfants. Ses parents, que j'ai peu connus, Alexis et Margueritte, vivaient du travail d'une terre qui n'était pas la leur. Ils étaient métayers, autrement dit locataires de quelques hectares qui apportaient une maigre subsistance à la famille.

Pas d'eau, pas d'électricité, je l'ai déjà dit, pas de plancher ou de carrelage dans la maison, de la terre battue. Et pour envelopper tout cela, du bonheur, c'était en tout cas ce que disait Catherine, qui se rappelait une enfance heureuse.

Son horizon, au début de sa vie, paraissait rétréci. Elle pouvait spéculer sur un mariage ou d'autres aventures qu'offre l'existence. Le plus raisonnable cependant était d'imaginer un futur semblable aux siens, borné physiquement dans l'espace de ce Pays Basque, borné aussi pour l'esprit car la culture et le divertissement prenaient peu de place dans cet univers.

La ferme familiale, s'il n'est pas abusif de nommer ainsi une modeste bâtisse que j'ai vue, des années plus tard, à l'abandon, était éloignée des chemins les plus courants, plantée au milieu de prairies grasses et pentues par une main qui devait aimer faire souffrir les hommes. Elle était située dans le hameau profond du village déjà cité de Moncayolle, où je suis d'ailleurs né des années plus tard.

Entre le cœur de ce village, où se trouvaient l'école, et la ferme parentale, une marche de plus d'une heure attendait le courageux qui voulait aller de l'un à l'autre. Pas de bus, pas de train, pas de tram, pour faire le trajet vers 1930.

La petite écolière ne pouvait donc compter que sur ses jambes pour apprendre à lire et à compter. Catherine fit l'aller-retour pendant un temps, mais tout cela fut bref puisqu'elle racontait plus tard qu'elle n'avait plus été à l'école après ses dix ans.

Quelle fut sa vie ensuite ? Je ne le sais pas avec exactitude. Elle avait quinze ans à la fin de la guerre, et travaillait avec ses parents. Mais assez vite, une autre possibilité s'offrit à elle.

Mauléon était devenu, par l'opiniâtreté d'un artisan de la sandale qui inventa un procédé de chauffage particulier du caoutchouc, un centre industriel de production de la chaussure. Furent ainsi créés des milliers d'emplois qui profitèrent aux enfants de paysans que la terre nourrissait mal. La tâche était ingrate dans les usines. La paye, miraculeuse par son volume et sa régularité, aidait à la supporter.

Ma mère fit partie de cette cohorte qui se libéra d'une servitude pour une autre, et ce changement changea tout pour elle.

Pour aller de Moncayolle à Mauléon, son père lui paya un vieux Solex, antique vélo déséquilibré par un petit moteur situé à l'avant.

Une fois enfourché, l'ustensile permit à Catherine de faire plus de chemin que jamais ses ancêtres n'en n'avaient parcouru tous ensemble. Vingt kilomètres quotidiens, aller-retour tous les jours, six jours sur sept : elle battit tous les records.

Sans le vouloir, le travail chamboulait des repères séculaires. En obligeant au déplacement des corps, il entraînait la multiplication des rencontres, la diversification des expériences, l'ouverture des yeux, de l'esprit et du cœur sur une immensité proche, et pourtant méconnue.

Lieu d'aliénation ouvrière, la fabrique devenait aussi le réceptacle de l'émancipation personnelle.

Ceci valait pour les hommes, bien sûr, et comptait double, ou triple pour les jeunes femmes de ce temps. Catherine en profita comme tant d'autres avec elle, d'une manière que je ne connais pas pour l'essentiel, ni pour le détail. Le seul élément qui ait traversé les ans jusqu'à moi est cette confidence de

Jean-Pierre : à force de la voir passer et repasser, il s'était mis en tête de lui parler.

Les voici donc mariés au milieu des années cinquante. Philippe, mon frère naît en 1955, moi en 1958. À la fin de cette décennie, ce sera la maison, et tout ce que la modernité de l'époque peut offrir à un couple modeste et besogneux qui connaît, par le miracle de l'endettement, une ascension sociale et matérielle considérables. Beaucoup d'esprits enfiévrés ont rêvé de révolution grandiose. En voici une à échelle humaine, majeure, décisive, qui bouleverse tout ce que les consciences ont enregistré au cours des siècles.

Et c'est là, dans cette fulgurance sociale qui brise l'ordre ancien qu'éclot l'aspiration individuelle.

Jusque-là, le patriarcat, l'épiscopat et le patronat régentaient la vie, canalisaient les humeurs, ordonnaient les joies et les peines. Désormais que les chaînes du passé s'allègent, chacun commence à se prendre en main, à réfléchir à son propre destin.

Le bouleversement est intérieur, souterrain, dans chacun de ceux qui vivent et expérimentent ces vies radicalement neuves. Mai 68 commence bien avant mai 68 et ce que l'on appelle Mai 68, déambulation trotskiste dans les rues de Paris, n'a finalement que peu à voir avec ce que fut réellement Mai 68.

Chapitre 7 : La voiture (1)

Regardons encore Catherine.

Nous sommes en 1965. Elle a tout juste trente-cinq ans. Elle n'est pas grande, 1m60, jolie, en tout cas son sourire a du charme. Rien ne la rassure car sa culture est inexistante et son expérience du monde rudimentaire. Mais rien ne lui fait peur car elle aspire à pleins poumons les nouveautés que lui offre la modernité.

En charge de deux enfants, Catherine quitta l'usine pour se consacrer à cette tâche le plus souvent réservée aux femmes : ménage, lessive, cuisine, etc.

Une fois les deux affreux scolarisés, elle aurait pu rester à la maison, où il y avait de quoi l'occuper. Mais l'envie d'autonomie et le besoin de liberté étaient trop forts. Alors, elle trouva une place de femme de ménage dans une maison de la bourgeoisie mauléonnaise.

Pour s'y rendre, il y avait des côtes à monter, puis à descendre, des virages et du plat, bref de la route quotidienne à faire dans ces campagnes où tout semble proche mais où rien ne l'est. Le solex fut remplacé par une mobylette, plus rapide et plus sûre, mais on pouvait faire mieux.

Une idée folle traversa la tête de Catherine.

Jean-Pierre avait une voiture, une Panhard bleue, dont je regardais les arrondis avec convoitise. Eh bien, elle aussi aurait la sienne !

Imagine-t-on l'impact, l'effroi, la consternation que peut susciter une telle décision dans ces campagnes reculées où vingt ans plus tôt encore les corps féminins demeuraient lestés à la terre, les seuls autorisés à surmonter cette pesanteur sociale étant celui des hommes ?

Il en fallait plus pour décourager Catherine. Elle n'était en rien féministe, ne se trouvait engagée dans aucune cause particulière et ne développa jamais une conscience politique précise. Faire le portrait de Catherine, c'est faire le portrait de la banalité, d'une vie calme et sans prétentions, d'un caractère modeste et timide. Sa seule exigence, c'était de profiter de ce que la société de ce moment lui promettait.

La distance entre les conditions de vie de son enfance et l'aisance matérielle de son âge adulte étaient abyssales. Elle acceptait ce grand écart avec aisance, n'en demandant pas plus mais refusant d'en avoir moins.

Envie d'une voiture ? Bien sûr. Mais avant madame, il faut passer le permis, le permis de conduire. Voilà donc Catherine lancée dans cette grande aventure de l'apprentissage du code, elle qui n'avait plus ouvert un livre depuis environ vingt-cinq ans.

Je la revois, assise à la table de la cuisine, concentrée sur son manuel et nous demandant, à Philippe et à moi, de faire moins de bruit, ou d'aller en faire ailleurs.

Chapitre 8 : Jean-Pierre (1)

Et Jean-Pierre, que disait-il de cette révolution ?

Jeune, il a eu des motos, plus tard des voitures. Très tôt, il a conquis ces attributs que la modernité réservait aux hommes. Et voilà que soudain, les femmes s'en mêlent. Elles aussi veulent aller et venir librement, ne pas dépendre d'un mari, d'un père, d'un frère, pour utiliser la voiture qui vous transporte loin, et à l'abri du vent et de la pluie.

Pour qui la marche à pied et le vélo ont longtemps représenté les uniques moyens de locomotion, la « possibilité » de la voiture, qui libère le corps de l'homme ET de la femme de sa masse gravitationnelle, est en elle-même une formidable et radicale révolution qu'aucun intellectuel n'a anticipée, ni depuis vraiment théorisée.

Alors, comment Jean-Pierre a-t-il accueilli la décision de sa femme ? Aucun éclat de voix ne m'a informé de son opposition. Je peux donc présumer son accord. Je le fais d'autant plus volontiers que son caractère, son approche de la vie, étaient foncièrement libéraux.

Lui aussi savait savourer son bonheur.

Atteint d'une affection chronique, son père mourut quand il avait huit ans. Trois ans plus tard, au tout début de l'année 1940, celle de la guerre, sa mère fut emportée par la maladie. Ses deux frères, sa sœur, lui-même qui était le second de la fratrie, furent « placés » chez des gens qui acceptèrent de prendre en charge ces bouches supplémentaires, alors même que le rationnement de la nourriture assombrissait la vie quotidienne.

Le voilà, à onze ans à peine, au travail chez un fermier de Garindein, un autre village des environs de Mauléon. Les conditions de vie étaient dures, a-t-il raconté plus tard, éloignées en tout cas de ce que nous imaginons aujourd'hui pour un petit garçon. Terminée la vie familiale, l'affection des frères et des sœurs, terminés aussi l'école et les rêves, s'il y en eu, d'un métier choisi et d'une existence voulue.

Un jour, rapporta-t-il beaucoup plus tard avec sa pudeur habituelle, il se saisit d'un journal qui trainait par là. La patronne de la ferme, qui n'était qu'une femme rude de son temps, le surprit dans sa lecture et lui adressa un sec: « Il sait lire l'animal! »

Selon son récit, la parole claqua Jean-Pierre comme un coup de fouet. Il posa son journal et retourna au travail, décidé à ne plus se faire remarquer.

Il y a dans cette petite histoire tout le malheur d'un garçon écrasé par la marche cruelle du monde.

Le début de la vie de Jean-Pierre fut noir, triste, saturé de ces douleurs que l'on n'oublie pas. Le présent était difficile et l'avenir ne promettait rien d'exceptionnel.

Chapitre 9 : La guerre (parenthèse)

En 1945, Jean-Pierre avait dix-sept ans.

C'est important pour un jeune homme, un jeune homme français, d'avoir cet âge-là, à ce moment-là, à cet endroit-là.

Tout à coup, une aube se lève. Le désastre est tel, la misère, les destructions, l'amoncellement des morts, que l'Europe commence à entrevoir son destin dans la paix, et non plus dans la guerre.

Depuis des décennies et depuis des siècles, l'hypothèse de la guerre, ou son existence, était une perspective, parfois une réalité, qui répandait ses lourds nuages sur l'existence de chacun.

Avant 1939, il y eut 1914, une saignée terrible, horrible, traumatisante. Avant encore, il y eut 1870 et encore encore avant, la folie napoléonienne qui, au début du XIXème siècle, sacrifia une grande partie de la jeunesse française. La guerre toujours présente dans l'esprit populaire, parce que toujours possible dans la tête des dirigeants. C'était elle, son idée, sa permanence, qui justifiait la domination des institutions sur les individus.

L'ordre était nécessaire pour transformer des enfants turbulents en soldats dociles, les garçons au front, les filles à l'arrière. L'au-delà était utile pour faire accepter le malheur de ces destinées trop tôt fauchées. Cette obligation d'obéissance s'étendait aux familles. Il incombait aux pères et aux patriarches d'inculquer les notions d'ordre et d'obéissance afin de brider les désirs individuels et de contenir les pulsions des garçons, des filles surtout, dans le cadre immuable du monde immobile.

C'est dans la guerre, et depuis la nuit des temps, que la trinité de l'Etat, de l'Eglise et du patriarcat a puisé une légitimité fondamentale. C'est avec l'hypothèse de sa disparition que ces piliers vacillent et que les individus, les hommes d'abord, les femmes ensuite, dans cet ordre-là, comprennent que la vraie liberté leur est désormais possible, liberté de construire leur vie, liberté de choisir, liberté de ne plus rendre de comptes.

Changement radical, absolu, colossal, qui étreint chacun et n'oublie personne, même dans ce Pays Basque, si souvent à l'écart des grands mouvements de la pensée.

Changement des mentalités, bouleversement des esprits qui dès les années cinquante annoncent, préparent, installent Mai 68.

Chapitre 10 : Jean-Pierre (2)

Quelques années encore, il resta dans la ferme qui l'avait accueilli. Était-il heureux ? Fut-il malheureux ?

L'armée l'aspira comme elle le faisait de tous les jeunes gens de l'époque.

Né en 1928, « classe 48 », selon l'expression d'alors pour désigner ceux qui avaient vingt ans, il atterrit dans un obscur régiment basé à Montauban. Quand il racontait son service militaire, qui dura dix-huit mois, Jean-Pierre insistait surtout sur son indiscipline et la résistance qu'il opposait, à propos de tout et de rien, à ceux qui voulaient lui donner des ordres. Selon son récit, il passa un certain temps dans la prison militaire. Il en était fier.

La suite fut plus étrange, nimbée de mystères et de non-dits. Retour de service, il s'installa comme mauvais garçon, ou genre. L'envie de travailler l'avait momentanément quitté. L'Espagne n'était pas loin, cinquante kilomètres jusqu'à la frontière, un appel à la contrebande.

Quels trafics ? Quels produits ? On ne conserve pas les registres de ce type d'activités.

Quand il racontait ses exploits, Jean-Pierre était allusif. Il parlait plus volontiers des parties de cache-cache avec les gendarmes, des poursuites parfois épiques. Il s'en était toujours sorti. Sa moto était rapide.

Plus baroque. Avec ses deux frères, oisifs comme il l'était lui-même, ils eurent l'idée de monter un orchestre.

Original, non ?

Surtout qu'ils ne connaissaient rien à la musique. Ces années-là étaient celles de leur jeunesse et celles de l'insouciance pour une société qui découvrait à la fois le progrès et la liberté.

Mon père s'initia au saxo, son frère, Pierre, à la batterie, et le troisième, Philippe, à la guitare. Je sais en l'écrivant que ceci paraît dingue mais tous les trois parvinrent à jouer et à se produire ensemble dans les bals de village. Ils gagnèrent suffisamment d'argent pour ne pas être obligés de faire autre chose.

Il ne faut jamais désespérer de la sagesse. Elle survient à son heure, qui est rarement précoce.

Le mariage transforma Jean-Pierre. Lui qui n'aimait ni les horaires ni les contraintes devint un salarié fiable et stable. L'usine à Mauléon, puis deux années comme chauffeur pour une société qui pratiquait l'extraction du pétrole dans une Algérie encore française, et retour au pays avec un pactole qui garantissait le remboursement de la maison.

Il prit alors l'emploi d'ouvrier multitâches dans le café-épicerie-marchand de vins du village de Viodos et vécut dès lors davantage pour sa famille que pour son travail.

La trentaine à peine franchie, Jean-Pierre était déjà passé par toutes les couleurs de l'émotion.

Orphelin, solitaire, rebelle, mari et père, cela lui avait fabriqué une philosophie qu'il maria avec un caractère particulier que je mis du temps à décrypter, et que peut-être j'eus du mal à admettre.

Toutes ces expériences, plus sombres que lumineuses, car rien ne peut vraiment refermer les plaies de l'enfance, l'avaient - pour une partie - muré en lui-même. Il ne manifestait pas ses sentiments, et ce n'était pas de la pudeur, plutôt l'amertume d'avoir été trop tôt sevré d'un amour qui lui manquerait toujours. En même temps, il était d'une grande douceur de manières et de caractère, rétif à l'autorité certes, chat sauvage, mais accablé à l'idée d'en manifester lui-même, soit dans ses relations professionnelles ou amicales, soit même au sein de la famille.

Je n'ai pas su longtemps s'il était tolérant, ou s'il l'avait été, ou bien s'il s'agissait plus radicalement d'une absence d'affirmation personnelle, résultat d'un ressort brisé, d'une peine enfouie, dont sans doute il n'a jamais parlé. La seconde hypothèse me paraît aujourd'hui la plus probable. Je regrette de ne l'avoir pas compris plus tôt.

Quoiqu'il en soit, c'est ainsi qu'il accueillait les changements du monde : avec un détachement qui l'amenait à tout accepter, ce qui autorisait, face à lui, toutes les audaces.

C'est dans la profondeur de leurs contradictions que se tissèrent les liens qui unirent toute leur vie Jean-Pierre et Catherine. Car elle de son côté, n'hésitait pas et partait, déterminée, têtue, à la conquête de tous les outils utiles à sa libération.

Chapitre 11 : La voiture (2)

Elle décida de passer son permis de conduire, il la laissa faire.

Croyez-vous que cette attitude était comprise dans ces terres archaïques ? Pour beaucoup, une femme devait rester à sa place. Qu'elle travaille était déjà une concession. Qu'elle conduise semblait une provocation. Ce que l'on nomme la sagesse populaire, qui n'est parfois que bêtise collective, avait inventé un dicton mille fois entendu dans le cercle familial : « femme au volant, mort au tournant ».

Catherine n'avait que faire de ces sentences. Avec autant de discrétion que d'obstination, elle suivit son chemin. Un jour, elle décrocha le code. Un autre jour, la conduite. Et un troisième, elle arriva à la maison avec une Simca 1000 rouge dont je ne savais pas qu'elle demeurerait à jamais dans ma mémoire comme le symbole de la gaieté tranquille de ma maman.

Nous étions en janvier 1966. La Simca 1000 était une voiture populaire, moteur à l'arrière, le genre moulin à café, beaucoup de bruit et peu de puissance. Globalement inconfortable et carrément pas chère. D'autant moins en l'occurrence que celle-ci était d'occasion.

Bon Dieu que Catherine était fière de nous la montrer !

Jean-Pierre était là. Il souriait. Était-il admiratif de sa femme ? Etait-il effrayé par la situation ? Je ne le saurai jamais.

D'un coup, pour elle, la vie avait changé.
D'un coup, elle était libre.
D'un coup, soleil, pluie ou vent, elle pouvait déplacer son corps à des distances appréciables sans demander ou attendre l'aide de quiconque.

Un bonheur !
L'extase !
La vie qui change !

Catherine était libre et elle ne se gênait pas. Elle voulait partir ? Elle partait. Disait-elle toujours où elle allait ? Pas sûr. Un jour même, elle prit un amant, Catherine, si gentille. Mais c'est une autre histoire. Je vous la raconterai plus tard.

Pour accéder au garage que Jean-Pierre avait collé sur le côté gauche de la maison, il fallait remonter un petit chemin coincé entre deux talus, qui reliait la route au bâtiment. Pour rentrer, ce chemin se remontait en marche avant. Pour sortir, c'est logique, il fallait opérer en marche arrière. C'était le principal problème de Catherine.

Le patriarche de la maison d'à côté, le paysan fondateur du clan, soixante ans passés, figure ratatinée qui disparaissait sous le béret et chicots noircis sur lesquels il posait ses cigarettes, s'était fabriqué un loisir.

Chaque fois qu'il entendait le moteur de la Simca 1000, et qu'il vérifiait que c'était bien le moment du départ, donc de la marche arrière, il venait se coller sur le bord du talus.

Je m'aperçus du manège un jeudi après-midi où j'accompagnais Catherine pour une course quelconque. Campé sur son observatoire, le débris ricanait : une femme au volant, on aura tout vu, où va-t-on, mais comment son mari la laisse faire...

D'énervement, elle appuyait plus fort que de raison sur l'accélérateur, et ne libérait pas l'embrayage. Le bruit rajoutait à la tension générale. Je notai le visage rouge de ma mère. Le mien ne devait pas l'être moins : c'était la honte qui le peinturlurait.

La voiture reculait doucement. Je sentais que la main de la conductrice n'était pas sure. L'arrière partit un peu trop sur la droite. Catherine remit un coup de marche avant.

Le vieux dégoisait toujours.

Elle reprit la manœuvre et se retrouva de nouveau de travers, toujours trop à droite. Elle se remit en ligne, mais elle avait épuisé sa patience. Elle accéléra brutalement et ne maîtrisa plus la trajectoire de la Simca, dont l'arrière gauche alla taper le talus. Elle avança encore un coup, cala le moteur, tira violemment sur le frein à la main et bondit hors de la voiture. Hors d'elle aussi.

Catherine se planta devant le paysan qui se tenait les côtes. Elle l'insulta en Basque, par réflexe. Elle était sûre d'être comprise.

Lui s'en moquait. Il riait.

Elle vivait la scène comme une humiliation. Elle percevait aussi combien sa liberté était précaire. Elle ne faisait aucun mal, à personne. Mais son attitude dérangeait un ordre séculaire, un ordre où jusqu'ici les hommes, pères et maris, contrôlaient presque tout du mouvement des femmes. Voilà ce qui volait en éclat sous l'impulsion de Catherine.

Au début de l'année 1966, dans cette allée du Pays Basque, c'était déjà mai 68 qui se jouait. Catherine précédait les étudiants au sommet des barricades.

Au volant de la Simca, elle faisait face, seule, au patriarcat moribond qui n'avait d'autre ressource que celle de pouffer de rire.

La jeune femme ne le sût pas forcément sur l'instant, mais rien désormais ne l'empêcherait de terminer sa marche arrière et de parcourir à sa guise les routes étroites qui s'offraient à elle.

Mai 68 était en marche. Mai 68 avait triomphé.

Chapitre 12 : La pilule de monsieur Neuwirth

Dans cet après-guerre à nul autre pareil, la médecine allait dans tous les sens. Ses progrès étaient fulgurants, ses promesses sans limites.

On lisait et entendait au début des années soixante des choses que l'on avait du mal à croire. Notamment que les femmes pourraient bientôt maitriser leur ventre, c'est-à-dire porter un enfant quand elles l'auraient décidé. Cette fois, ce n'était pas les hommes qui reculaient, c'était la nature. Colossal !

La technique existait. Certains pays parmi nos voisins la commercialisaient. Mais la France du général de Gaulle, ordre et patrie, fidèle à son histoire pour le meilleur et pour le pire, résistait encore et toujours.

Cette modernité était une horreur pour beaucoup. Elle portait un nom banal, comme une dissimulation de la nitroglycérine sociale qu'elle représentait : la « pilule », ou l'effondrement irrémédiable du vieux monde.

Son appropriation par les Français fut lente et méfiante. Les candidats à l'élection présidentielle de 1965 l'évoquèrent en passant, sans beaucoup de convictions. Au printemps 1967, un sénateur moins bête que les autres alla trouver le général-président.

Lucien Neuwirth, c'était son nom, expliqua à Charles de Gaulle que le progrès est une bête opiniâtre. Mieux valait l'encadrer que l'ignorer.

Charles le catholique, 80 ans aux prunes, convint que le monde nouveau roulerait à l'abîme avec ou sans lui. Donc, il autorisa la « pilule » qu'une loi de décembre 1967 fit entrer dans les pharmacies.

D'une certaine façon, Mai 68 était en voie d'achèvement.

Ceci concernait moins directement Catherine, déjà deux enfants, une vie faite, que d'autres de ses sœurs de France. Mais comme elle-même n'avait pas écrit le dernier mot de sa vie sexuelle, elle ne pouvait être indifférente à cette évolution tourneboulante.

Dans la France ancienne, l'éducation sexuelle des femmes était sommaire. Ni leurs mères, ni leurs enseignants, si elles se trouvaient toujours à l'école à l'âge de la puberté, encore moins leurs pères et leurs frères, ne les informaient, ni ne les prévenaient des risques qu'elles prenaient en accomplissant cet acte naturel et nécessaire : faire l'amour.

Pas d'éducation donc, mais d'instinct une connaissance des dangers, et du prix à payer si la malchance vous attrapait de tomber enceinte. Que faire alors, si l'homme de rencontre vous abandonnait ? Donner la vie dans la solitude et l'opprobre, accueillir un enfant sans y être prête, avant d'avoir vécu ? Beaucoup de jeunes filles se résignaient à cette servitude qui ne rendait personne heureux.

On les stigmatisait d'un mot dans cette France archaïque. On disait qu'elles avaient « fauté », alors qu'elles avaient seulement « aimé ».

Il existait une horrible alternative à cette situation désespérante. Il s'agissait d'aller voir les mal nommées « faiseuses d'anges », des femmes de dernier recours, utiles et pourtant horribles. Sans hygiène et avec le secours d'aiguilles à tricoter, elles tentaient de provoquer une fausse couche censée régler les problèmes. Au danger physique, celui de l'hémorragie fatale, s'ajoutait le traumatisme psychologique pour une jeune femme déjà rongée par la culpabilité.

Voilà ce que la « pilule » venait corriger. Elle donnait aux femmes la possibilité de maîtriser un peu leur fécondité. Encore fallait-il être informé, et lever pour cela d'immenses tabous attachés à la sexualité.

Malgré tout, la mécanique était enclenchée.

Elle laissait entrevoir un allègement de l'emprise masculine.

Elle constituait une forme de réponse à l'égoïsme de ces hommes qui prenaient leur plaisir et se détournaient de ses conséquences. Cette « pilule » censée agir dans le ventre semait dans les têtes une revendication sans précédent dans l'histoire humaine : celui d'une possible véritable égalité entre femmes et hommes.

C'est sur cette pierre qu'est venue s'adosser l'IVG, interruption volontaire de grossesse, obtenue en 1974, grâce au combat de Simone Veil, alors ministre de la santé.

Ceci, d'ailleurs, lui vaudra d'entrer au Panthéon, le temple républicain dont le fronton porte fièrement la devise : « Aux grands hommes, la patrie reconnaissante », formule légèrement ironique dans la circonstance.

Et si on veut bien se souvenir des insultes, des menaces, de l'opprobre, dont fut victime en son temps Simone Veil, la panthéonisation de sa mémoire, avant d'être une justice, est un exploit.

Mai 68 fut aussi cela, ce combat pour la liberté du ventre des femmes. Un combat que bien peu imaginait gagnant. L'ordre patriarcal ne pouvait laisser échapper son pouvoir sans résister, et il le fit parfois rudement, au moyen de l'insulte, du bannissement social.

Dans cette lutte, l'Eglise prit sa part. Cet ordre clérical associé depuis si longtemps au destin de la France, distinguait dans l'évolution la patte du diable. Son opposition fut frontale, violente, culpabilisante.

Il fallut, face à d'aussi puissants adversaires, ancrés dans la culture populaire, les croyances et l'histoire de la France, un courage et une détermination absolus de la part de tous les combattants de la liberté.

Catherine fut exemplaire. Sans bruit et sans esbroufe, elle tint sa place dans le sillon émancipateur.

Je ris et je rage quand j'entends les contempteurs de 68. Ils ne la voient donc pas ma maman, belle, fière, amoureuse de son pays, croyante présente à chaque messe du dimanche, animée seulement par la volonté de pouvoir écrire sa vie ?

A ceux qui veulent mettre à bas 68, je ne vois rien de plus efficace à opposer que le sourire doux de Catherine, qui est celui de son triomphe irréversible.

Chapitre 13 : Les trésors de 68

Tant de choses, tant de remises en cause, tant de bouleversements, tant de changements.

Peut-être est-il utile de récapituler les éléments qui composent la nouvelle vie de Catherine.

Née dans une maison inhospitalière, sans eau ni électricité, les pieds au contact de la terre battue, la voici désormais chaudement préservée de l'hiver par un chauffage domestique, isolée du sol par du parquet et du carrelage, éclairée quand elle souhaite, baignée ou douchée à sa convenance.

Elle gagne de l'argent par son travail et peut même, si elle le souhaite, décider seule d'ouvrir à son nom un compte en banque. Cette libéralité date de 1966. Une voiture permet à son corps de se mouvoir dans l'espace avec une amplitude nouvelle. Elle vote bien sûr, consciencieusement, plutôt à droite, parfois à gauche. Et donc, même si pour elle la page est un peu tournée, elle peut gérer sa propre fécondité et l'accorde à son désir, ou non, d'être mère.

Tout cela est réalisé avant, j'y insiste, le fameux mois de mai qui va enflammer la France.

Jamais le progrès n'a été aussi rapide dans les sociétés humaines. Les avancées technologiques sont immenses et multiformes. Elles stimulent et encouragent le développement personnel, qui lui-même se nourrit d'une perspective historique de paix sur le continent européen, si souvent embrasé par les conflits militaires.

Voilà ce qu'exprime et souligne Mai 68, qui ne crée rien, qui ne révèle rien, et qui se manifeste comme Grouchy à Waterloo, après la bataille.

Ayez cela en tête au moment où les profiteurs de malheurs vous diront que Mai 68 a plongé la France dans le désastre.

Ayez en tête la profondeur des racines d'un mouvement émancipateur que personne, rien, sauf un dictateur dans la dictature, ne remettra en cause.

Chapitre 14 : L'amant

Un jour, Catherine prit un amant. Ce n'était pas la première, ce ne serait pas la dernière.

L'air léger des années soixante s'accommodait de cette partition classique. Mais j'imagine que pour elle, dans l'épanouissement de ses trente-cinq ans, chaque élément construisait une cohérence. Comment mieux se prouver la réalité de ce changement formidable de vie qu'en se choisissant un homme qui n'est pas votre mari ?

J'ai compris plus tard, beaucoup plus tard, que certaines de ses balades en voiture n'étaient ni professionnelles, ni tournées vers le ravitaillement de sa famille. Ses « je m'en vais » signifiaient qu'elle partait vraiment, qu'elle changeait d'univers, mais seulement pour quelques heures, car elle est toujours revenue.

Elle ne nous a jamais abandonnés.

Les humains sont ainsi faits, et la promiscuité des campagnes accentue ce trait, qu'ils aiment au moins autant le malheur des autres que leur propre bonheur.

Nous étions à la maison, mon frère et moi, le matin où le facteur apporta la lettre cruelle.

Elle était adressée à mon père. Nous l'avions ouverte par jeu. Tout de suite, la saleté de son écriture nous sauta à la figure. Il y était dit en phrases malhabiles et ordurières que ma mère recherchait du plaisir dans d'autres bras que ceux de son époux.

Le choc fut violent, la décision immédiate.

Mon père ne verrait pas ce courrier. Il serait remis à notre mère, que nous voulions protéger, en même temps que notre famille.

Ce choix était enfantin, spontané. Il ne réglait rien, ni du malaise que devait ressentir Catherine dans son couple, accentué par le fait d'être désormais dévoilée devant ses enfants, ni de la fragilité de notre si petite cellule terrestre. En outre, l'interruption par hasard d'une lettre anonyme n'empêchait ni ne prévenait d'autres envois de cette nature. Ils se produisirent, bien sûr, et finirent par informer de son infortune celui qui devait l'être.

Notre geste cependant, inefficace à l'évidence, immoral à plusieurs égards, avait un sens. Nous aimions, mon frère et moi, la liberté de notre mère. Sans en analyser les ressorts, ni connaître la perspective de cette existence où l'enfance s'ancrait dans le monde ancien et l'âge adulte dans la modernité, nous défendions chez elle ce qui serait important plus tard pour nous, cette recherche individuelle qui nous donnerait la force de construire nos vies par la seule force de nos choix.

En déviant ce courrier de sa trajectoire, nous devenions, nous aussi, des agents actifs de ce grand mouvement qui remettrait en cause l'ordre du monde qui ne serait jamais le nôtre.

J'ai personnellement accompli peu d'actes de bravoure. Je suis heureux de celui-là.

Pas fier, car j'ai trompé mon père qui ne l'a jamais mérité. Mais heureux parce qu'au fond des choses, il correspond à ce que je pense de l'existence.

Il revient à chacun de la construire, aussi librement que possible, en résistant autant que nécessaire aux pressions, aux ordres, aux fantasmes.

Ce chemin peut être douloureux, engendrer frustrations et déceptions, déboucher sur des échecs, conduire à des renoncements. Mais il est le seul qui préserve des regrets, nourrit la fierté, et alimente finalement ce bonheur que procure la sensation d'avoir cherché à donner un sens à son destin.

Quand viennent les derniers jours, ceci n'est pas rien.

Un jour, il n'y eut plus d'amant.

Chapitre 15 : La cigarette

Catherine qui conduisait voulut fumer.

Avant elle, aucune des femmes de sa lignée ne l'avait fait. Enfin, je l'imagine, ou plutôt je le déduis de la prudence avec laquelle elle s'engagea dans l'aventure.

Un jour, que je situe au-delà de mes dix ans, un objet insolite fit son apparition sur la table familiale. Il s'agissait d'un paquet de cigarettes. Pas un paquet bleu, comme j'en avais vu souvent dans les mains des hommes, des « Gauloises », une marque qui flattait à la fois la virilité et le nationalisme, du tabac brun, avec ou sans filtre au bout du papier blanc.

Non, le paquet que posa ma mère devant mon frère et moi était long, blanc et coloré, fin, élégant. Les cigarettes qu'il contenait étaient minces, délicates. Elles exhalaient un parfum sucré, doux.

Le tabac était blond, pensé, usiné et emballé pour une clientèle féminine. La marque évoquait un ailleurs inconnu, symbolisé par un chameau, animal jamais vu, ni même aperçu, dans nos contrées. Des « Camels », c'était quand même plus chic que des

« Gauloises ». Nous ne savions pas que c'était du poison. Nous comprenions que c'était du rêve.

Je n'ai aucune hésitation sur le jour. C'était un samedi.

Jean-Pierre, toutes les fins de semaine, effectuait une vaste tournée avec le camion de son patron. Il apportait dans les domiciles de plusieurs villages des bouteilles de vin et de limonade, quelques sacs de charbon et de patates s'ils avaient été préalablement commandés. Il partait tôt le matin et rentrait tard le soir, fatigué par un périple qui nous impressionnait.

La journée du samedi était donc singulière. Au retour de l'école, à midi, nous étions tous les trois, Catherine, Philippe et moi, attablés pour un déjeuner décontracté puisque l'école elle-même faisait relâche après une dernière matinée de torture.

Nous étions seuls et libres, la discussion détendue et parfois audacieuse, davantage en tout cas nous semblait-il qu'elle ne l'était en présence de notre père.

J'attendais pour ma part ce moment de la semaine. Sans doute étais-je hypnotisé par le regard et le sourire de cette femme qui me regardait avec un amour avec lequel je me suis beaucoup réchauffé.

Voilà le contexte dans lequel un samedi, impossible de se tromper, un paquet de cigarettes atterrit sur la table. Mon frère, un peu déniaisé, sembla moins surpris que moi. Et je chavirai quand en plus Catherine fit apparaître un briquet avec lequel, déterminée voire bravache, elle alluma son bout de papier.

- *Tu fumes ?!*

La question était exclamative, à la mesure de ma surprise, de mon effroi aussi, et je pense de mon excitation.

Catherine confirma. Elle fumait, prenant sa cigarette dans le haut de son majeur et de son index, arrondissant son bras pour la porter à sa bouche, renvoyant ensuite la fumée dans une colonne d'air poussée loin devant elle.

Elle nous demanda dans un sourire complice de n'en parler à personne. Notre silence, lui promettions-nous sur le champ, lui était acquis à l'égard de Jean-Pierre. Cela nous paraissait tellement extraordinaire que nous ne voulions bien sûr le partager avec personne.

Elle nous corrigea.

Notre père savait, approuvait ou pas, mais n'avait aucune intention ou possibilité d'empêcher Catherine d'exercer ce qu'elle vivait comme un droit et ressentait comme un plaisir. Non, sa demande concernait l'extérieur, les « autres », les « gens », incluant ses beaux-frères qu'elle n'aimait pas et ses frères qui lui semblaient adorablement ringards.

Cette femme qui s'émancipait rudement avait conscience de déplacer beaucoup de barrières. Elle ne voulait pas en rajouter, ne voulait pas choquer, voulait juste vivre en paix.

Sa vie durant, sa fumerie fut secrète, avant qu'elle ne l'interrompe elle-même vers sa soixantaine.

Jamais mon frère et moi n'éventâmes son secret. Il nous rapportait aussi.

C'est autour de cette table de déjeuner du samedi que Philippe fut autorisé à fumer sa première cigarette. Mon tour vint ensuite, dans une complicité irresponsable avec Catherine si visiblement heureuse, entourée de ses fils, de faire la nique à une société qui, d'autorité parentale à magistère clérical, s'était ingéniée à raréfier l'oxygène pour ses membres, et singulièrement pour les femmes.

Ma première cigarette me rendit affreusement malade. Je passai l'après-midi dans mon lit après avoir vomi le déjeuner qui l'avait précédé. Pourquoi alors en reprendre une seconde, puis une troisième, jusqu'à l'accoutumance ? Pourquoi Catherine me laissa-t-elle faire ? La réponse est contenue dans son histoire.

Au fond de moi, je n'ai jamais eu le goût de la cigarette. Elle m'a longtemps servi à surmonter une timidité handicapante. Peu de discussions de mon adolescence, avec des adultes, des copains ou des filles que je trouvais jolies, se sont déroulées sans que je triturasse ce maudit cylindre de papier. Du jour au lendemain, autour de mes vingt-cinq ans, j'ai cessé de m'empoisonner. Je ressens encore le plaisir de la délivrance.

Philippe s'est beaucoup esquinté les poumons avec des cigarettes brunes sans filtres qu'il éclusait par dizaines chaque jour.

Jean-Pierre n'a jamais fumé.

Chapitre 16 : Le rugby

J'ai grandi dans cette ambiance bohème.

Bien sûr, « bohème » n'est pas le mot. Catherine et Jean-Pierre étaient disciplinés, travailleurs, payaient leurs impôts et leurs contraventions, n'aspiraient qu'à figurer dans cette immense cohorte des Français moyens qui s'enivraient de la modernité. Ils envoyaient leurs enfants à l'école en espérant qu'ils auraient encore plus qu'eux qui, par référence à leur passé, avaient déjà beaucoup.

Pourtant, dans ce cadre conventionnel et petit-bourgeois, tout flottait. L'autorité parentale ne s'exerçait plus avec la manière autoritaire qui avait été la marque des générations précédentes. Le doute s'était insinué par rapport à la contrainte, légitime ou pas, qu'il fallait exercer.

Catherine et Jean-Pierre avaient compris très tôt qu'ils ne choisiraient pas la vie de leurs enfants. Ils avaient bien assez de fabriquer celle, excitante, que leur proposait ces années soixante.

Dans ce doux désordre, la télévision occupait une place de choix. Tous les soirs, nous nous postions devant la lucarne. Et aussi les samedis après-midi, et les dimanches, toute la journée. Nous regardions tout, émerveillés : les films, les nouvelles, pardon, les informations, les chanteurs, nous appelions cela les variétés, et le sport.

Ah, le sport !

Les samedis de janvier et février étaient consacrés à cette compétition merveilleuse baptisée : « Tournoi des cinq nations ». Chaque année, les Anglais, les Gallois, les Écossais et les Irlandais s'affrontaient au quinze de France.

Allez les Bleus !

Dans ce hameau de Viodos, au tournant des années soixante, nous étions parmi les premiers à avoir une télévision. Et sans doute aussi, Catherine et Jean-Pierre étaient-ils parmi les plus accueillants dans ce périmètre où une certaine méfiance irriguait les relations de bons voisinages.

Toujours est-il que c'était chez nous, et nulle part ailleurs, qu'atterrissait, tous les samedis de match, monsieur Orset. Je ne suis pas sûr que M. Orset ait jamais eu un prénom. Ou alors, je l'ai oublié.

C'était un cheminot à la retraite. Petit, rond, cheveux blancs, moustache blanche, joues très rouges. Vu tout ce qu'il buvait devant la télévision, ce coloris ne m'étonnait pas. Peut-être avait-il soixante ans, je lui en donnais quatre-vingts.

On est généreux quand on a dix ans.

Jean-Pierre et Catherine se moquaient du rugby, dans une terre pourtant où ce sport représentait la plus grande richesse culturelle. Mon frère, lui, avait trop la bougeotte pour rester une heure sur sa chaise. Pour ma part, j'étais aimanté par le poste.

Je fus donc préposé à la tâche de recevoir monsieur Orset et de lui tenir compagnie jusqu'à la fin du match.

Ponctuel, il arrivait dix minutes avant quinze heures, heure sacralisée du coup d'envoi de ces rencontres. Ma mère l'accueillait, puis disparaissait. Sitôt qu'il était assis, je sortais un verre et une bouteille de vin de table. La consigne était de ne jamais laisser le verre vide et de proposer au besoin une seconde bouteille. A l'usage, ce fut souvent nécessaire.

Monsieur Orset fumait un affreux tabac maïs qui empestait toute la maison. Lui qui n'avait pas l'air spécialement méchant se transformait en bête sauvage pendant la retransmission. Vin rouge aidant, il était prêt à piétiner l'Anglais, à boxer l'Ecossais, à secouer l'Irlandais, à bousculer le Gallois.

Les remarques chauvines des deux présentateurs - Roger Couderc et Pierre Albaladejo - deux vedettes de l'époque - lui convenaient globalement, même si parfois elles lui semblaient mollassonnes.

Ces rugbymen ne l'ont jamais su, mais ils possédaient par la magie de la télévision deux supporteurs acharnés, rouges d'émotion, mais pas que d'émotion, ivres de bonheur, mais pas que de bonheur, un jeune et un vieux, unis dans l'amour du maillot, voyageant au gré des matchs de Cardiff à Dublin, de Londres à Édimbourg, avec quelques escales grandioses à Paris, terminus Stade Yves-du-Manoir.

Parfois, la France triomphait, parfois elle sombrait.

Nous allions ainsi, de la joie à la peine. Sitôt le coup de sifflet final, monsieur Orset terminait son verre d'une lampée et sans un mot, ni merci, ni au revoir, plantait là le compagnon de combat que j'avais été à ses côtés.

A l'instant même de son départ, ma mère sortait de sa chambre en coup de vent et ouvrait les fenêtres pour chasser l'odeur âcre du tabac laissé par le vieil homme.

J'ai souvent repensé à lui.

Petit employé de la SNCF à la gare de Mauléon, il avait vu passer beaucoup de trains et en avait pris fort peu. Comme ses semblables, son univers était borné par les montagnes pyrénéennes, et ses pieds plombés par la pesanteur sociale de ses origines.

Soudain, la télé lui apportait l'inimaginable : voir cette équipe de France de rugby qu'il ne connaissait qu'à travers son journal, où dont il suivait les exploits à la radio. Tout à coup, elle prenait vie sous ses yeux. Il voyait les passes, et s'en délectait, les coups de pied, les coups de poing, les sales coups, et s'en régalait. Quand un joueur français s'approchait de la ligne d'essai, M. Orset se levait d'un bond, malgré son âge, ses rhumatismes et le vin ingurgité.

M. Orset avait vingt ans.

Avec l'équipe de France de rugby, il découvrait un autre monde, une autre vie, lui qui n'avait jamais dépassé les limites du canton. En était-il heureux ou malheureux ? Acceptait-il l'élargissement soudain de son horizon comme une chance, ou bien regrettait-il qu'il survienne si tard dans sa vie ?

Je ne suis pas parvenu à trancher cette question sur les sentiments que peut provoquer le bouleversement du monde.

Chapitre 17 : Les chanteurs

Dans le Pays Basque des années soixante, la culture était figée dans le souvenir d'un passé, dont les détails pourtant échappaient à la plupart de ses habitants.

Ce peuple chanteur avait fabriqué au fil des siècles un répertoire varié et riche, où de belles jeunes femmes inaccessibles faisaient mourir de chagrin de beaux jeunes hommes romantiques. Le seigneur des lieux, s'il était injuste et égoïste, payait cher - dans la chanson - son manque d'humanité et de fraternité, tôt remplacé - dans la chanson - par son successeur, fraternel et généreux, qui réconciliait les hommes entre eux.

Ces chants poignants, tristes pour la plupart, étaient portés par des poitrines puissantes et exprimés dans une langue âpre, étrange, étrangère même, car nul ne sait d'où viennent les Basques, ni sous la pression de quels malheurs ce peuple a entrepris dans la nuit des temps une migration qui l'a conduit jusqu'au bord de l'Atlantique où, semble-t-il, il a trouvé la paix.

Cet art vocal émouvant s'est doublé d'une passion pour la danse. L'énergie et l'agilité des femmes et des hommes de cette terre ont trouvé là un formidable espace d'expression. Leur créativité s'est libérée dans des pas compliqués, des chorégraphies sophistiquées, des costumes chatoyants, qui ont établi la réputation des danses basques bien au-delà des frontières de ce petit royaume de deux cents mille âmes.

Depuis leur enfance, cette culture fut celle de Catherine et Jean-Pierre. Ils n'étaient ni chanteurs, ni danseurs, se trouvant trop préoccupés par leur survie pour s'abandonner à ces arts. Mais la lignée était basque depuis des siècles, peut-être même depuis des millénaires, et le romantisme des leurs les touchait au plus profond de l'âme.

Imaginez-les maintenant, modestes certes, mais sortis de la pauvreté, en sécurité derrière les murs qui abritent leurs enfants et leur bonheur. La paye qui tombe régulièrement a effacé l'obsession du lendemain, la peur d'une assiette qui resterait vide, tout comme la sécurité sociale a effacé celle d'une maladie avec laquelle il faudrait vivre plusieurs jours, ou plusieurs semaines, faute d'avoir assez d'argent pour aller voir le docteur.

C'est donc l'esprit en repos que Catherine et Jean-Pierre se postaient, aussi souvent qu'ils le pouvaient devant ces programmes que l'on appelait « variétés ». Ils assistaient alors au défilé de ces jeunes garçons et de ces jeunes filles représentatif de l'individualisme des années soixante.

Il y avait Adamo, qui plaisait beaucoup à Catherine, et Eddy Mitchell qu'aimait bien Jean-Pierre. Lui regardait avec assiduité les prestations de Françoise Hardy, France Gall ou Sylvie Vartan. Rêvait-il d'un ailleurs ? Catherine éprouvait une passion pour Claude François. Peut-être a-t-il hanté ses nuits.

Ces cris, ces gesticulations, ces ondoiements sensuels de corps à peine sortis de l'adolescence parvenus jusque dans leur foyer, représentaient une modification radicale de leurs expériences culturelles.

Qu'elles se trouvaient loin, tout à coup, ces pastorales souletines, récitals de chants en plein air, qui duraient des heures, ou ces danses guindées qui racontaient à leur façon ce Pays Basque d'il y a si longtemps.

En faisant entrer la modernité dans leur salon, la télévision projetait Catherine et Jean-Pierre dans un monde citadin et clinquant dont ils ignoraient tout. Et pourtant, ces femmes et ces hommes, des « yé-yé » disait la rumeur, sans bien en saisir le sens, parlaient à leur esprit. Les mots qui racontaient la douleur d'aimer, les tourments intimes, cette recherche individuelle à laquelle ils étaient eux-mêmes livrés depuis une quinzaine d'années, répondaient à leurs angoisses, à leurs doutes.

Une place particulière doit être faite ici à un chanteur d'exception.

Jean-Philippe Smet choisit de faire carrière sous un nom d'emprunt furieusement américain : Johnny Hallyday, oh yé. Sur le papier, aucune chance qu'il plaise à Catherine et Jean-Pierre.

De l'Amérique, hormis une sympathie pour les libérateurs, ils n'avaient qu'une idée vague. Qu'un oiseau s'en réclamant débarque dans leur salon aurait dû les laisser indifférents. Pire : ses vociférations, sa réputation sulfureuse, cette rumeur persistante assurant que ses admirateurs cassaient tout sur son passage, notamment les fauteuils sur lesquels ils étaient assis dans les salles de concert, tout cela aurait dû les effrayer, eux qui demeuraient des gens d'ordre dans un monde livré aux désordres.

Pourtant, dans le hameau de Viodos comme dans tant d'autres endroits de France, la magie opéra. Johnny devint à la maison l'énorme vedette qu'il était ailleurs.

Catherine, lectrice du huitième jour, achetait Paris-Match chaque fois que la couverture était consacrée à « l'idole des jeunes ». Jean-Pierre, pour qui Sud-Ouest était une source d'informations unique et suffisante, le feuilletait avec plaisir.

Un mot encore sur le chanteur.

Sa carrière a démarré au cœur du cyclone culturel qui balayait la France, comme il le faisait dans les autres démocraties occidentales. Elle s'est poursuivie dans une évolution qui a épousé la sensibilité de ceux qui tâtonnaient à la recherche de leur bonheur. Toute sa vie, Johnny a chanté le tourment amoureux, les blessures de la recherche personnelle, les joies et les douleurs que connaît celui qui veut maîtriser sa vie.

Chanteur public de l'intime, il s'est installé une fois pour toute à la crête de la vague sur laquelle les Français se sont hissés depuis l'après-guerre. C'est en ce sens qu'il a été davantage qu'un artiste, un emblème.

Il s'est trouvé au moment de sa mort quelques responsables politiques démunis pour parler de lui. Ils n'avaient aimé ni l'homme, ni le chanteur, ce qui est leur droit. Ils n'avaient compris ni la trajectoire, ni le symbole, ce qui est plus gênant quand on prétend représenter un peuple.

Catherine et Jean-Pierre, eux, ont capté l'essentiel.

Chapitre 18 : Le cinéma

Le cinéma est un art majeur que longtemps le Pays Basque ignora. D'où le choc que représenta son irruption dans notre quotidien.

Une flopée de films étaient programmés à la télévision, de toutes natures : pour enfants pendant les fêtes de Noël, comiques pour les soirées familiales, d'autres plus exigeants, parfois même hermétiques, pour l'élévation des esprits.

Mais avant de les évoquer, je dois parler du cinéma lui-même, ce lieu voué au partage des films, avec un projecteur et un projectionniste, des bobines en celluloïd, des fauteuils de velours rouge pour les spectateurs, et des glaces de toutes les couleurs pour apprendre aux enfants à aimer les films.

Vu du hameau (30 habitants) de Viodos (500 habitants), Mauléon (5000 habitants) avait des airs pimpants de grande ville.

Un Monoprix à l'angle de la grande rue Victor-Hugo commerçante, un vieux pont de pierre pour enjamber Le Saison - plus qu'une rivière et moins qu'un fleuve -, le fronton majestueux en plein centre des Allées, l'artère principale de la ville, elle-même surplombée par un château médiéval posé sur la colline qui domine aujourd'hui encore, car la géographie à la peau plus dure que les hommes, la vallée de la Soule.

Au bout des Allées, quand on tourne le dos au fronton, une rue s'échappe sur la gauche. A la fin de celle-ci, sur la droite, un cube blanc sans grâce fut édifié au début des années soixante. Deux étages de hauteur et une large façade vitrée composaient l'architecture de ce bâtiment singulier.

Jamais auparavant la ville n'avait accueilli semblable réalisation et la mémoire s'est perdue de l'audacieux qui le premier en a suggéré l'implantation. Quoiqu'il en fut, cette terre de paysans et d'ouvriers rudes à la tâche possédait désormais son cinéma. Des lettres de néon rouge éclaboussaient la façade. On y lisait ceci:

MAULE-BAÏTHA

En bon français, on pourrait dire « La demeure de Mauléon », comprendre la demeure vouée au cinéma. Le basque possède de ces fulgurances qui nourrissent son charme et ses difficultés.

Fallait-il que les temps fussent singuliers pour qu'un cinéma ouvre ses portes dans cette contrée d'ordinaire peu encline au divertissement. Mais la prospérité était là, et il devenait légitime de consacrer un peu de son temps aux loisirs, voire à la culture, sans subir l'opprobre ou susciter la moquerie.

C'est ainsi que le cinéma fit son entrée dans la vie de Catherine et Jean-Pierre.

Jamais à ma connaissance, ils n'allèrent seuls à Maule-Baïtha. Ils concevaient cette sortie comme une aventure familiale et c'est donc avec Philippe et moi qu'ils programmaient ces soirées pour nous merveilleuses, et pour eux, qui se souvenaient du dénuement dans lequel ils étaient vingt ans plus tôt, extraordinaires.

Nous allions au cinéma deux fois par an. Pas plus.

Nous aurions pu, bien sûr, nous y rendre plus souvent. Il était tellement facile de monter dans la Panhard bleue, de dévaler la pente qui séparait la ville du hameau, et de nous réfugier tous les quatre dans la grande salle élégante, face à l'écran où s'animait nos rêves.

Deux fois par an : l'obstacle n'était pas économique. Sans être riches, nous avions les moyens d'acquitter le prix des places. Non, la difficulté était culturelle. Un blocage empêchait mes parents de consacrer du temps à ce plaisir pourtant simple. C'était une réticence, prolongement d'une culpabilité devant cette vie devenue tout à coup agréable, excitante même, alors qu'une immémoriale mémoire de la souffrance continuait de façonner l'esprit populaire.

Nous n'allions pas voir n'importe quoi. Le plaisir ou la curiosité ne pouvaient suffire à la programmation familiale. Il y fallait quelque chose de plus, de particulier, pour légitimer ce loisir aux yeux du voisinage, des tiers, et du monde entier.

Ce plus, c'était l'évidence, l'étiquette « grand public » accolée à un film auquel nous pouvions nous associer. En gros et en clair, Louis de Funès, et plus généralement le cinéma comique, étaient le déclencheur de ces soirées au Maule-Baïtha.

J'ai vu avec Catherine et Jean-Pierre, le « Gendarme à Saint-Tropez », puis « La grande Vadrouille », puis « Le Corniaud ». Plus tard, « La folie des grandeurs ».

Je me souviens particulièrement du « Corniaud », pour une raison intime, que je tus en sortant de la projection. Quelques plans dans ce film montraient du haut de leurs falaises des vues panoramiques de la Méditerranée italienne, mouvement bleu et blanc piqueté des reflets du soleil.

Je n'avais jamais vu la mer auparavant, ni en vrai, ni de cette façon sublime. Cette beauté m'estomaqua. Elle me fit prendre conscience d'un ailleurs dont je sus qu'il m'extirperait, un jour, de la terre natale qu'aucun de mes aïeux n'avait quittée.

Au sortir des séances, nos visages hilares et rouges racontaient notre plaisir. Ces moments demeuraient longtemps dans nos mémoires. Nous avions vécu et partagé un moment d'exception.

Nous étions heureux. En allant au cinéma, Catherine et Jean-Pierre authentifiaient le cours nouveau de leur vie. En partageant cette expérience, ils nous offraient un cadeau dont ils connaissaient l'importance.

La principale provision de films passait par la télévision. Dans la tranquillité du foyer, nous regardions tout et parfois n'importe quoi.

J'étais le plus assidu, ne me désespérant jamais d'aucun navet, voulant aller au bout de chaque histoire proposée, même si de temps en temps je n'y comprenais pas grand-chose, ou même rien.

Les films qui me marquaient le plus dans cette période concernaient la deuxième guerre mondiale. J'avais dix ans à peine. J'étais né après l'horreur qui pourtant demeurait vive dans la conscience populaire.

Toujours dans ces films, les Allemands avaient le mauvais rôle. On sait pourquoi. Ils étaient intelligents donc redoutables, déterminés à vaincre, ne reculant devant aucune cruauté pour atteindre leur but.

Ceci imprimait des émotions fortes dans mon esprit.

Dans le flot d'images que je recevais sans aucun commentaire ni contrepoint, c'étaient les soldats qui m'impressionnaient le plus. Ils portaient ce casque noir abruptement coupé sur la façade, qui dévoilait leur front et leur donnait un air volontaire. Ils semblaient à la fois élégants et effrayants, captivants par l'efficacité que leur prêtaient les récits, et pourtant à chaque fois vaincus, ce qui correspondait à la réalité historique, et à la morale des vainqueurs qui finançaient les films.

Je ne l'ai compris que plus tard, mais il se jouait là, pour moi comme pour des millions de jeunes français, quelque chose d'essentiel, qui bouleversait nos consciences, et aussi l'ordre social.

Enfant, adolescent, j'ai été débarrassé d'une angoisse qu'avant moi tous les jeunes d'un âge comparable avaient dû éprouver.

Ça fait quoi, exactement de grandir en se disant que, peut-être, tout serait remis en cause par l'obligation d'aller faire la guerre ? Je ne peux pas répondre à cette question car cette peur, je ne l'ai jamais ressentie.

Très tôt, j'ai perçu que nous n'avions plus d'adversaires à nos frontières. Très tôt, j'ai compris que les Allemands, ennemis historiques, étaient désormais nos amis. Et cela, je l'ai intégré avec une telle force, un tel bonheur, que j'ai aussitôt aimé l'idée de l'Europe, et soutenu le projet qu'elle représentait, malgré ses mille et une imperfections.

Aujourd'hui encore, quelles que soient les vicissitudes et les déceptions, je conserve ma foi dans cette idée, je garde l'espoir, je demeure fidèle à ces émotions politiques de ma jeunesse.

Avec tout ça, la vie avait des airs d'insouciance.

Je vous ai dit, je crois, que Catherine avait eu un amant. Eh bien, Jean-Pierre s'accorda une maîtresse.

Ce n'était pas son genre pourtant. Après des années de patachon, il était devenu casanier et travailleur. Pas de virée au bistrot. Pas de goût particulier pour le tiercé, ou la pétanque, et aucun intérêt pour les matchs de rugby du dimanche qui attiraient la grande foule au stade Marius Rodrigo de Mauléon.

Il céda pourtant à ce qui sembla chez lui une incongruité et mena, pendant un certain temps, une double vie. Nous le sûmes mon frère et moi car la douleur de notre mère était visible. Elle me marqua longtemps, me poursuivit même. Les enfants sont d'une pâte douce sur laquelle s'impriment les belles choses et les moins belles.

Par quel artifice la maîtresse paternelle disparut, je ne l'ai jamais su. Mais un jour, Catherine retrouva le sourire et Jean-Pierre l'apaisement.

La douceur de la vie reprit.

Chapitre 19 : L'école, aller-retour

On ne sait plus ce que ces mots veulent dire : « plein emploi ». C'était pourtant la réalité des années soixante.

Le chômage était à zéro, ou presque. L'idée était installée que les vaillants trouvaient toujours du travail, tandis que les fainéants s'empressaient de ne rien faire pour toucher des indemnités.

Catherine et Jean-Pierre partageaient ces pensées. Ce qui eut un effet paradoxal sur la scolarité de Philippe et la mienne. La profusion de travail et la certitude que nous en trouverions toujours les conduisit à négliger l'apport de l'école. Un pied encore dans la vieille France, ils n'imaginaient pas leurs enfants bacheliers, ne voyaient pas à quoi des diplômes serviraient.

Livré à lui-même, Philippe connut une scolarité médiocre. Des débuts chaotiques au collège le menèrent vers une cinquième de transition, tremplin de faible envergure vers une formation en alternance dès ses quatorze ans. Il se tourna vers la mécanique, ce qui combla Catherine et apaisa ses inquiétudes pour l'avenir : « *C'est un bon choix. On aura toujours besoin de gens pour réparer les voitures.* »

Très vite, mon frère détesta son métier. Mais le rail était posé. Ce mauvais départ fut rédhibitoire. Il le combla avec des passions tristes. Il en mourut plus jeune qu'il ne le mérita.

Mon cas fut différent. Mes parents étaient aimants, sensibles, doux, mais inattentifs. La nature m'avait fabriqué drôlement et doté de qualités qui firent merveille à l'école primaire. Je comptais facilement, je comprenais rapidement, je m'exprimais aisément.

À l'école publique de Viodos, un lieu de compétition impitoyable, j'étais toujours premier dans les classements mensuels censés mesurer les capacités des élèves. J'étais heureux. J'aimais apprendre.

Et puis, l'affaire vira au cauchemar. Ma première matinée au collège public de Mauléon, en septembre 1969, fut fatale. La grande cour me désorientait, les autres élèves m'effrayaient. J'étais au comble d'un malaise quand je fus sauvé d'une curieuse façon.

Tout à coup, mon oreille gauche me lança. La douleur fulgurante m'obligea à rallier l'infirmerie. À 14 heures, un docteur diagnostic une otite. Je fus rapatrié à la maison dans la Simca 1000 de Catherine, au comble de l'angoisse.

Je ne revins au collège qu'au bout de trois semaines. Les mois qui suivirent se sont pratiquement effacés de ma mémoire. Je me souviens juste d'un manque de confiance, d'une incapacité à affronter la concurrence scolaire, et encore plus l'autorité des maîtres. Cette peur du jugement brisa mon élan. L'école que j'aimais devint un fardeau. La suite fut un long, long, échec.

La sixième fut aléatoire, la cinquième médiocre, la quatrième chaotique, la troisième catastrophique. « *Ce n'est pas la peine que tu présentes le brevet, ce sera une perte de temps* », me dit un jour le professeur d'histoire, M. Algalarrondo, qui nous impressionnait par sa mine ascétique, sa sévérité, et l'intégrisme avec lequel il menait ses entreprises pédagogiques.

J'étais d'accord avec lui. Ma nullité en maths était au diapason de mes approximations en français. Les sciences et la géographie m'ennuyaient. Seule l'histoire retenait mon attention : la révolution française, Napoléon III, petit neveu du précédent, je trouvais ça cocasse, et la seconde guerre mondiale, colossale.

Les épreuves écrites du brevet furent un calvaire. Curieusement, voire miraculeusement, je fus repêché pour un oral de rattrapage. Je m'y rendis dans l'angoisse et à ma grande surprise, je fus reçu.

Me voilà donc titulaire du brevet des collèges. Personne avant moi parmi mes ascendants connus n'avait atteint un tel grade scolaire. Sans exagérer la chose, j'étais devenu l'intellectuel de la famille.

Nous étions en 1973, et se posait l'immense question de mon avenir. Je n'avais pas quinze ans. Une seule certitude m'animait : jamais je ne mettrais les pieds au lycée.

Alors, que faire ? Jean-Pierre trouva la solution.

Il venait d'imposer à sa vie un tournant radical.

Au début de cette année 1973, son patron, parvenu à la retraite, lui proposa de reprendre son affaire en gérance. Lui garderait la propriété des murs. A charge pour Jean-Pierre de tirer suffisamment d'argent de *« l'épicerie-café-gaz-charbon-livraison de vin à domicile »* pour acquitter un loyer relativement important.

Catherine plongea avec lui, acceptant le plus douloureux des sacrifices. Elle abandonna sa liberté pour tenir six jours et demi sur sept - relâche seulement le dimanche après-midi - l'épicerie qui faisait face à l'Eglise, laquelle regardait le fronton, espace typiquement basque voué aux jeux de pelote.

Finie la Simca 1000, finie aussi, vendue, la maisonnette du hameau. Nous aménageâmes au centre du village, dans une bâtisse dont la vocation était surtout le commerce. Les pièces ou nous vivions se trouvaient à l'étage, au-dessus du café et de l'épicerie. Toute notion d'intimité avait disparu. Le travail et la disponibilité qu'il exigeait avait tout mangé.

Pour moi, c'était une vie nouvelle.

Mon père avait obtenu une dispense pour l'école, en échange d'un contrat d'apprentissage. Les périodes de travail dans l'entreprise familiale étaient entrecoupées par deux après-midi de stage, l'une chez un expert-comptable à Mauléon, l'autre chez une vieille dame, aussi à Mauléon, censée m'enseigner la dactylographie sur une antique machine à écrire. C'était évidemment n'importe quoi.

Pour Catherine et Jean-Pierre, il s'agissait surtout d'associer ma force vive à l'entreprise commune qui s'annonçait périlleuse. Concrètement, je tenais l'épicerie le matin tôt, pendant que Catherine faisait le ménage au-dessus, puis je consacrais le reste de ma journée au bistrot qui était attenant.

J'aimais cette nouvelle vie. Elle me débarrassait du poids mort qu'était l'école. J'étais propulsé dans la vie active, comme la quasi-totalité de mes copains pour qui, dans cette époque, les études n'étaient pas une perspective.

Je ne suis pas sûr de la statistique, mais sur une trentaine d'enfants du village né entre 1958 et 1960, je ne me souviens que d'un qui a été jusqu'à la terminale, interrompant son parcours avant même l'épreuve du baccalauréat, le stress de l'examen lui ayant paru démesuré en regard du bénéfice d'un éventuel diplôme.

Mon rôle était écrit. Je succéderai, un jour, à Catherine et Jean-Pierre dans la tâche commerciale qu'ils animaient. En attendant, j'accomplissais ma part de travail avec enthousiasme.

Il fallait des bras musclés et de l'énergie pour trimballer ici des cartons pour l'épicerie, là des caisses de vin et des sacs de charbon, et surtout le week-end passer de longues heures au café, occupé par les hommes du village qui jouaient aux cartes, buvaient, gueulaient, et s'écharpaient dans d'interminables discussions sur le rugby, la politique et les mille choses de l'existence.

Ce fut un apprentissage rude, obscur, que j'acceptais sans remettre en cause l'héritage social qui me l'imposait.

Une petite flamme pourtant vacillait dans ma tête.

Je regardais aussi souvent que je le pouvais la télévision, les journaux notamment, des émissions de reportage, d'autres de voyage. Je rêvais d'un ailleurs, dont je n'imaginais pas qu'il pouvait être un jour une réalité.

J'ai compris plus tard, beaucoup plus tard, que ce que l'on peut appeler l'esprit de 1968 m'avait inoculé à moi aussi le désir de la liberté et le souci de la traduire dans mon destin personnel.

Au sortir de l'adolescence, l'armée me happa pour un service national d'un an alors obligatoire.

Je ne voulais pas être soldat. Je tentai de me faire réformer, mais ma santé était bonne, ma constitution robuste. Malgré moi, les militaires me prirent parmi eux.

C'est presque dans l'épouvante que je décachetais la lettre m'indiquant que la Marine nationale me tendait les bras. Nous étions en décembre 1977. Le 1er février suivant, j'arrivai à Hourtin, une presqu'île située au sud de Bordeaux où se retrouvaient tous les apprentis marins de France.

Nous suivîmes trois semaines inutiles d'une initiation sommaire. Le brassage de toute cette jeunesse peu intéressée par le monde militaire était à la fois cocasse et dérisoire. À la fin de cette période, je fus nommé à Cherbourg, puis à Toulon au début de l'été.

Un an plus tard, la messe était dite. Le fil qui me reliait au Pays Basque était rompu. Sans jamais leur en avoir parlé, Catherine et Jean-Pierre comprirent que je ne ferai pas vivre le commerce après eux. Toujours ensuite, ils respectèrent mes choix, même si certains furent erratiques. Ils les acceptèrent car ils étaient le fruit de leur propre vie, de leur expérience si singulière dans le monde de l'après-guerre.

En ce sens, ils furent de véritables soixante-huitards, et je les remercie tous les jours de l'avoir été autant.

Après le flottement de la démilitarisation, je me fis embaucher comme vendeur de voitures sur la Côte Basque. C'était Biarritz qui m'attirait, ses fêtes et ses filles. Devant la médiocrité des résultats commerciaux, je dus réviser mes plans professionnels.

Changement radical : me voici à Lourdes, garçon de café auprès de pèlerins soucieux d'épancher leur soif après la visite du sanctuaire. Le métier était ingrat, répétitif et difficile. Il m'écœura suffisamment pour que je m'interroge sur l'avenir. J'avais passé mes vingt-trois ans. C'était le moment de ne plus se tromper.

Par un chemin complexe et encore brumeux dans mon esprit, je conçus le projet de reprendre des études. Pour faire quoi ? Je n'en savais trop rien, ce qui n'était pas une raison pour refuser l'aventure

Il me semblait évident que rien de solide n'existerait sans poser des fondations pour ce retour à l'école.

En février 1982, je m'inscrivais à une formation que dispensait l'université de Pau pour permettre à des retardataires du système de présenter, au mois de juin suivant, l'ESEU (Examen spécial d'entrée à l'Université).

Catherine et Jean-Pierre ? Ils me laissèrent faire, sans encouragements ni mises en garde, m'assurant juste un indispensable gîte pour mener à bien mon projet.

Ce même mois de février 1982, je m'inscrivais, à l'instinct, décidé à tout chambouler dans ma vie, d'abord à la piscine municipale de Pau, ensuite à la section du Parti socialiste de l'Université de la même ville.

Il s'agissait dans le premier cas de sauter littéralement dans le bain de la vie que je voulais me construire. Novice dans l'exercice, j'appris une brasse que je développe avec aisance aujourd'hui dans les bassins. Je me suis promis d'apprendre un jour le crawl.

Le Parti socialiste, c'est une autre histoire. L'année précédente, François Mitterrand était parvenu au pouvoir. Empêtré dans mes problèmes de garçon de café, je n'avais pas voté. Mais une fièvre postérieure à sa victoire me saisit. J'éprouvai soudain une passion pour la politique qu'il fallut canaliser et ordonner. D'où mon inscription à la section locale.

Je compris au long de quatre années de militantisme que je n'étais pas doué pour défendre les actions forcément louvoyantes d'un pouvoir, quel qu'il soit. C'est ainsi que m'apparut doucement la lumière qui guiderait ma vie : le commentaire de la politique, donc le journalisme politique.

Avant d'en arriver là, il fallait décrocher le graal, cet ESEU qui était comme une porte pour mon nouveau bonheur. Cette fois, l'examen fut plié au premier coup. Et brillamment.

J'enchaînai sur quatre années d'études en droit public, à l'Université de Pau, découvrant avec passion les secrets du droit constitutionnel et les arcanes du droit administratif. Muni de ce viatique, je pris le chemin de l'IUT de journalisme de Bordeaux, à l'automne 1986, pour apprendre les rudiments de ce qui est mon métier depuis lors.

Pendant tout ce temps de la reconstruction, Catherine et Jean-Pierre me soutinrent avec une passivité active dont je leur suis reconnaissant. Je suis devenu ce que je suis parce qu'ils étaient ce qu'ils étaient. Et je les aime tous les jours encore pour cela.

C'est à eux que je dois le bonheur d'avoir travaillé au Parisien, à l'Express, au Monde, à France Inter, à RTL, à Europe1, à France Info, et bien sûr au Grand Journal de Canal Plus, et aujourd'hui à « C'est à vous » et « C l'hebdo » de France5.

Pas mal pour un Basque dont les parents ont vécu leur enfance dans des maisons de terre battue, et que rien n'autorisait à nourrir, encore moins à accomplir, ce type de rêves.

D'une certaine façon, je suis l'enfant d'un miracle, celui de Mai 68, que mes parents ont eu l'intelligence de vivre, puis de me laisser vivre.

Conclusion

Catherine est morte en 2006
Philippe est mort en 2010
Jean-Pierre est mort en 2014

Moi, je vis encore dans la fidélité à ce qu'ils furent tous les trois, vaillants et honnêtes, attachés à leur liberté et respectueux des autres, des gens biens sans ostentation, des Français qui ont fait honneur à la France, terre d'équilibre, de tolérance et d'amour du genre humain.

Vive Mai 68 !

Conception de la couverture :
Matthieu Biasotto

Photos :
Fotolia - 138865599
Urkiola landscape, Basque Country © Iskander Gutierrez

Fotolia - 3824233 - pavé
© AJORON

Fotolia - 104837249 - Vintage French Car
© Benjamin Sibuet

La photo de la Simca 1000 est publiée avec l'aimable autorisation de L'Aventure Peugeot Citroën DS qui rassemble, protège et partage l'histoire des modèles et des marques fabriqués à l'usine de Poissy, avec le concours de l'équipe de bénévoles de L'Aventure Automobile à Poissy.

10897655R00066

Printed in Germany
by Amazon Distribution
GmbH, Leipzig